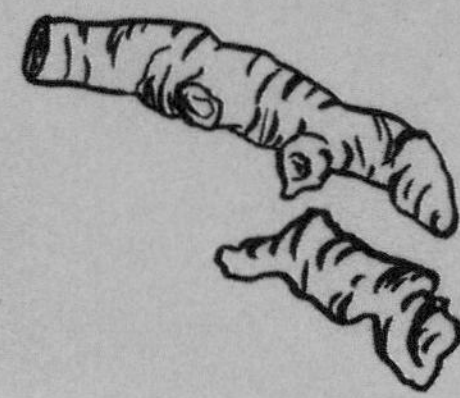

SABRINA SUE DANIELS

1 ZUTAT
25 REZEPTE

Koch mit KURKUMA

EMF

EIN BUCH DER
EDITION MICHAEL FISCHER

INHALT

19

37

49

59

Die heilsame Wirkung DER KURKUMA

„Es sind die inneren Werte, die zählen", sage ich!

Die Kurkuma, eine unscheinbare Wurzel, die auf den ersten Blick nichts von ihren unzähligen positiven Eigenschaften verrät, und die erst beim Aufschneiden ihr leuchtend gelborangefarbenes Geheimnis offenbart.

Ein indisches Curry wäre nicht so strahlend gelb, meine Finger nicht so unglaublich auffällig verfärbt und die ayurvedische Medizin wäre nicht so heilsam ohne die Inhaltsstoffe dieser geheimnisvollen Wunderknolle.

Fast jeder kennt die Knolle oder das sattgelbe Pulver und hat die Kurkuma als Gewürz in seinem Küchenschrank stehen. Doch kaum einer weiß um die vielen heilenden Wirkstoffe des indischen Safrans, wie Kurkuma auch genannt wird.

Seit ich die ersten Rezepte mit Kurkuma in jeglicher Form für dieses Buchprojekt entwickelt habe, ist es um mich geschehen. Meine Begeisterung für dieses Gewürz mit Heilkraft ist grenzenlos. Nicht nur dass ich jeden Tag meine gelblich verfärbten Nägel penibel mit rotem Nagellack verschönere, um meine Leidenschaft für Kurkuma zu verbergen, sondern inzwischen bin ich auch süchtig nach der „Goldenen Milch" aus der Ayurveda-Küche. Es gibt nichts Schöneres als mit etwas „Gold" im Bauch gut gelaunt in den Morgen zu starten. Probiert es einfach mal aus und spürt die anhaltend wohltuende Wirkung.

Seitdem ich um die gesunden und heilenden Eigenschaften dieser krummen Knolle weiß, ertappe ich mich immer wieder dabei, meine Gerichte mit einer Extraportion Kurkuma aufzupeppen. Mittlerweile ist es zur Gewohnheit geworden, in meinem Kühlschrank neben frischem Ingwer auch die eine oder andere frische Kurkumawurzel vorrätig zu haben. Vielleicht kann ich auch dich von meiner Liebe zu Kurkuma überzeugen.

Eure Sabrina Sue

KURKUMA – INDISCHER SAFRAN

Kurkuma ist ein Gewürz mit tausendundeins Namen – Kurkume, Gelber Ingwer, Safranwurz, Gelbwurz, Gilbwurz oder auch Curcuma – sind nur einige Bezeichnungen, unter denen man die ayurvedische Heilpflanze kennt. Botanisch gesehen gehört Kurkuma zur Familie der Ingwergewächse. Die Knolle stammt aus Südasien und wird in vielen Teilen der Tropen kultiviert.

Die ayurvedische Heilpflanze Kurkuma hat viele Namen.

Alte Schriften zur Ayurveda-Küche und zur chinesischen Medizin belegen schon seit mehr als 3000 Jahren die erstaunliche Kraft der Kurkuma. Nicht umsonst gilt die leuchtend orangefarbene Knolle mit über 90 aktiven Inhaltsstoffen als heilender Allrounder unter den Gewürzen. Besonders wichtig sind die sogenannten Curcuminoide und davon besonders der Wirkstoff Curcumin.

Die orangefarbene Kurkuma gilt als heilender Allrounder.

DIE HEILWURZEL KURKUMA

Curcumin, der wichtigste gelbe Farb- und Wirkstoff der Kurkuma, soll entzündungs- und krebshemmend wirken sowie schmerzstillend sein.

Wenn du an den Festtagen mal wieder übertrieben und in Saus und Braus gelebt hast, dann solltest du unbedingt auf Kurkumapaste in Form von goldener Milch oder goldenem Honig (siehe S. 9) zurückgreifen, denn besonders bei der Verdauung von Fetten kann die kleine Knolle Wunder wirken. Curcumin bewirkt, dass Gallensäure ausgeschüttet wird und das vom Körper aufgenommene Fett leichter bindet. Unangenehme Blähungen und störendes Völlegefühl können so gelindert werden.

Der wichtigste Wirkstoff der Knolle ist das Curcumin.

Freie Radikale stehen am Anfang von vielen Krankheiten, weil sie Körperzellen gezielt angreifen und schädigen. Hier helfen Antioxidantien, also Radikalfänger, wie sie natürlicherweise in Kohl, Brokkoli, Heidel- und Himbeeren, Tomaten, Kurkuma und Hülsenfrüchten vorkommen. Als Antioxidans stärkt das Curcumin der Kurkuma das Immunsystem, es hilft den Blutzuckerspiegel zu senken und wird sogar bei der Behandlung gegen Krebs eingesetzt. Studien zeigen, dass der Radikalfänger Curcumin die Entstehung von Krebszellen hemmen und das Immunsystem stärken kann.

Laut einer anderen Studie soll der Wirkstoff Curcumin sogar die Gehirntätigkeit erhöhen. Danach kann der regelmäßige Verzehr von Kurkuma (Curcumin) das Risiko von Gehirnerkrankungen vermindern und die Bildung eines Hormons fördern, das präventiv gegen Alzheimer und Depressionen eingesetzt wird.

WURZEL ODER PULVER?

Kurkuma gibt es als frische Wurzel und als Pulver zu kaufen. Die Knolle enthält noch alle ätherischen Öle und färbt die Hände beim Verarbeiten so wunderbar gelborange. Wer möchte, benutzt beim Verarbeiten am besten Einmalhandschuhe. Die Hände lassen sich aber auch mit Wasser und Seife schnell wieder säubern. Frische Kurkuma gibt es mittlerweile in fast allen gut sortierten Supermärkten sowie in zahlreichen Asialäden zu kaufen. Beim Kauf solltest du unbedingt auf eine gute Bio-Qualität achten, denn dann kann die Schale dranbleiben und muss nicht mühevoll geschält werden.

Kurkuma ist auch als Pulver weitverbreitet und steht fast in jeder Küche im Gewürzregal. Beim Prozess der Trocknung gehen jedoch einige Wirkstoffe verloren, die wichtigsten Inhaltsstoffe bleiben erhalten und können ihre Wirkung im Körper entfalten.

VOLLE KRAFT VORAUS, ABER RICHTIG

Curcumin, der gelbe Farbstoff der kleinen Wunderknolle, ist nicht wasserlöslich und kann deshalb schwer von unserem Körper aufgenommen werden. Die folgenden vier Tipps sollen dabei helfen, die Resorption der Inhaltsstoffe, also deren Aufnahme in unserem Körper zu verbessern.

1. Best friends forever! Der beste Freund von Kurkuma ist schwarzer Pfeffer. Piperin ist der Hauptbestandteil von Pfeffer, der ihn so scharf macht und dafür sorgt, dass Curcumin bis zu 20-mal besser von unserem Körper aufgenommen werden kann. Dabei sind keine großen Mengen nötig, bereits eine Prise Pfeffer reicht völlig aus. Eine Alternative ist Ingwer, er wirkt ähnlich und verbessert ebenfalls die Curcumin-Aufnahme.

2. Einölen bitte! Bei der Verwendung von Kurkumapulver sollte nicht an Fett gespart werden. In Kombination mit Fett verbessert

GOLDENER HONIG

Zutaten für 1 Tasse:

½ TL Kurkumapulver
schwarzer Pfeffer
1 EL Honig
1 Tasse frisch aufgebrühter Tee (z. B. Kräuter- oder Früchtetee)

Das Kurkumapulver mit 1 Prise schwarzem Pfeffer und dem Honig verrühren und entweder pur oder in heißem Tee verrührt genießen.

Dieses Rezept bekämpft die Symptome von Grippe. Goldener Honig ist ein natürliches Heilmittel, das stark entzündungshemmend wirkt und die Abwehrkräfte stärkt und auch bei Winterblues hilft.

KURKUMA-ZAHNPASTA

Zutaten:

1 TL Kurkumapulver

Das Kurkumapulver in ein Gefäß geben. Etwas Wasser hinzufügen und rühren, bis eine cremige Paste entsteht. Fertig ist die natürliche Zahnpasta. Zum Putzen am besten eine alte Zahnbürste verwenden, da das Pulver die Zahnbürste gelb verfärbt.

es die Verfügbarkeit des Wirkstoffs Curcumin. Bei der Verarbeitung von frischen Kurkumawurzeln ist es nicht nötig, da die in der Wurzel enthaltenen ätherischen Öle vollständig erhalten bleiben.

3. Heat it up! In Indien werden Gewürze seit jeher in Öl angebraten, dies steigert nicht nur den Geschmack, sondern löst auch die ätherischen Öle und sorgt dafür, dass wichtige und gesunde Inhaltsstoffe besser für den Körper verfügbar sind. Beim Anbraten möglichst immer nur hitzebeständige Öle, wie beispielsweise Kokosöl, Sonnenblumen- oder Rapsöl verwenden.

4. Kleine Mengen über den Tag verteilen! Curcumin wird von unserem Körper sehr schnell wieder abgebaut, deshalb solltest du dir die Superknolle mehrmals am Tag gönnen.

GESCHMÄCKER SIND VERSCHIEDEN

Um sich an den leicht bittersüßen Geschmack der gelborangen Knolle zu gewöhnen, solltest du mit kleinen Mengen anfangen. Lieber zuerst etwas vorsichtiger dosieren, so gewöhnst du dich ganz schnell an den exotischen Geschmack.

Eine frische Kurkumawurzel verströmt eine leichte Fruchtigkeit mit einem Hauch von Säure, die jedem Gericht das gewisse Etwas verleiht. Deshalb darf Kurkuma in keinem Curry fehlen und steht sowohl in indischen als auch in asiatischen Gerichten immer an erster Stelle der Zutaten. Erst danach folgen die weiteren Zutaten für das jeweilige Gericht.

NACH GELB KOMMT WEISS

Kurkuma ist bei vielen Naturvölkern als natürliches Bleachingmittel bekannt. Zum Aufhellen der Zähne verwendest du am besten ein Stück frische Kurkumawurzel in Bio-Qualität. Die Wurzel mit allen Zähnen etwa zwei Minuten kauen. Anschließend den Mund mit Wasser gut ausspülen. Oder du rührst dir eine Zahnpasta an.

15 ml 1tbsp

REZEPTE

FÜR 1 EINMACHGLAS

Goldene KURKUMA-PASTE

Ein wahrer Schatz ist diese goldene Paste. Mit allen ihren gesundheitlichen Wirkungen der Inhaltsstoffe ist sie einfach unverzichtbar in jeder Küche. Im Kühlschrank verstaut ist sie jederzeit griffbereit.

ZUTATEN

75 g Kurkumapulver

½ TL schwarzer Pfeffer

20 g Ingwer, frisch gerieben

1 gehäufter TL Zimtpulver

2 TL Kakaopulver

3 TL Kokosöl

ZUBEREITUNG

Alle Zutaten, bis auf das Kokosöl, mit 380 ml Wasser in einen Topf geben. Die Mischung unter ständigem Rühren bei mittlerer Hitze 8–10 Minuten kochen lassen, bis eine cremige Paste entstanden ist.

Das Kokosöl mit der fertigen Paste vermischen und in ein sauberes Einmachglas füllen und vollständig auskühlen lassen.

Im Kühlschrank hält sich die Paste etwa 2 Wochen.

TIPP

Die goldene Paste ist hervorragend geeignet für die Herstellung der „Goldenen Milch“ (siehe S. 23). Ich mische die Paste auch gern in ein Süppchen oder ein Sößchen. Schon ½ Teelöffel davon sorgt für den nötigen Pfiff.

FÜR 1 EINMACHGLAS

Gelbe CURRYPASTE

Kurkuma ist die Basis der gelben Currypaste, die würziger Bestandteil vieler indischer Gerichte ist. Typische Zutaten wie Koriander, Kreuzkümmel und Ingwer verfeinern diesen exotischen Gewürzmix.

ZUTATEN

4 getrocknete rote Chilischoten

4 Knoblauchzehen

2 Schalotten

20 g Bio-Kurkumawurzel (siehe Tipp S. 17)

10 g frischer Ingwer

2 EL Koriandersamen

1 EL Kreuzkümmelsamen

2 Kaffir-Limettenblätter

1 TL Salz

½ TL schwarze Pfefferkörner

3 EL Kokosöl

ZUBEREITUNG

Die Chilischoten in kaltem Wasser etwa 15 Minuten einweichen. Knoblauch und Schalotten schälen und beides fein hacken. Kurkuma und Ingwer schälen und beides fein reiben.

Die Koriandersamen und Kreuzkümmelsamen in einer kleinen beschichteten Pfanne ohne Öl anrösten, bis die Samen zu duften beginnen.

Die Chilischoten aus dem Wasser nehmen und mit den vorbereiteten Zutaten, Kaffir-Limettenblättern, Salz, Pfefferkörnern und Kokosöl in einen großen Mörser oder Multizerkleinerer geben und zu einer sehr feinen Paste zermahlen. Die Paste in ein großes Einmachglas füllen und kalt stellen.

TIPP

Die gelbe Currypaste kann man im Kühlschrank bis zu 5 Tage aufbewahren. Sie ist ideal für die Zubereitung von Currygerichten und zum Aufpeppen von Suppen.

PIÑA-KURKUMA-SHAKE
mit Kokosmilch

Piña Kurkuma ist die große Schwester der beliebten Piña Colada – ein Klassiker unter den Cocktails mit weißem Rum, Kokos und Ananas. Bei dieser fruchtigen Cocktail-Variante liefern sich Kurkuma, Mango und exotisches Thai-Basilikum ein lecker-süffiges Duell.

ZUTATEN

1 reife Mango

10 g Bio-Kurkumawurzel (siehe Tipp)

schwarzer Pfeffer

125 ml Kokosmilch

300 ml Cashewnussmilch

1 Handvoll Eiswürfel

1–2 Blätter Thai-Basilikum

FÜR DIE DEKO

Thai-Basilikum

ZUBEREITUNG

Die Mango schälen, das Fruchtfleisch zuerst vom Stein, dann in grobe Würfel schneiden. Die Mangowürfel, Kurkumawurzel, 1 Prise Pfeffer, Kokosmilch, Cashewnussmilch, Eiswürfel und nach Belieben für zusätzliche Frische Thai-Basilikumblätter in einen Mixer geben und fein pürieren.

Den Shake in zwei Gläser füllen, mit Thai-Basilikum dekorieren und genießen.

TIPP

Die Bio-Kurkumawurzel muss nicht geschält werden und findet ihren Weg direkt in den Mixer. Herkömmliche Kurkumawurzeln jedoch vorher immer schälen.

Wer sich erst einmal an den fernöstlichen Geschmack gewöhnen möchte, halbiert einfach die Menge an Kurkuma und steigert sie langsam.

Iced NEKTARINEN-SMOOTHIE

Es muss ja nicht immer Kurkuma Latte sein! Stimmt! Ich mache mir dann halt mal einen geeisten und frisch gemixten Smoothie. Ist mal was ganz anderes und sorgt für Abwechslung!

ZUTATEN

2 Nektarinen

350 ml Orangensaft

1 TL goldene Kurkuma-Paste (siehe S. 13)

1 Handvoll Eiswürfel

FÜR DIE DEKO

frische Minze

Eiswürfel

ZUBEREITUNG

Die Nektarinen waschen, halbieren und entsteinen. Die Hälften in Stücke schneiden und mit Orangensaft, goldener Paste und Eiswürfeln in einen Mixer geben und fein pürieren.

Den Nektarinen-Smoothie in zwei Gläser füllen und mit Eiswürfeln auffüllen.

Den Smoothie mit frischer Minze und Trinkhalmen dekorieren und genießen.

TIPP

Die fruchtige Komponente lässt sich nach Lust und Laune nach dem Angebot der Jahreszeit austauschen.

FÜR 1 GLAS

Karamell-KURKUMA-LATTE

Ein Getränk, das in keinem Kurkuma-Kochbuch fehlen darf, ist die goldene Milch. Sie ist herrlich wärmend und unglaublich lecker. Positiver Nebeneffekt, sie hilft bei Erkältungen und Antriebslosigkeit und bringt das Immunsystem wieder in Schwung.

ZUTATEN

350 ml Cashewnussmilch

2 weiche Karamellbonbons

1 TL goldene Kurkuma-Paste (siehe Seite 13)

Kurkumapulver (nach Belieben)

ZUBEREITUNG

Die Cashewnussmilch und Karamellbonbons in einen Topf geben und langsam erhitzen. Die goldene Paste hinzufügen und so lange verrühren, bis sich die Karamellbonbons in der Cashewnussmilch aufgelöst haben.

Karamell-Kurkuma-Latte in ein großes Glas füllen. Nach Belieben mit etwas Kurkumapulver bestreuen.

TIPP

Statt Karamellbonbons kannst du auch Ahornsirup oder Honig verwenden.

FÜR 2 PERSONEN

Stachelbeer-Hirse-Porridge MIT GOLDENER MILCH

Die goldene Milch ist wohlig wärmend, stimmungsaufhellend, sie stärkt das Immunsystem und ist gleichzeitig so superlecker. In Kombination mit sättigender Hirse, prallen Stachelbeeren und frischen Erdbeeren wird sie zu einem puren Frühstücksgenuss.

ZUTATEN

150 g Hirse

FÜR DIE GOLDENE MILCH

1 Vanilleschote

150 ml Kokosmilch

70 g Rohrohrzucker

schwarzer Pfeffer

½ TL Kurkumapulver

FÜR DIE DEKO

250 g Erdbeeren

200 g Stachelbeeren

2 EL Mandelblättchen

ZUBEREITUNG

Hirse in einem Sieb mit kaltem Wasser waschen und mit 300 ml Wasser in einen Topf geben und aufkochen. Hirse bei niedriger Hitze etwa 20 Minuten köcheln lassen, bis sie gar ist.

Die Vanilleschote längs aufschneiden und das Mark herauskratzen. Das Vanillemark mit Kokosmilch, Rohrohrzucker, 1 Prise Pfeffer und Kurkumapulver verrühren. Die goldene Milch zur gegarten Hirse geben und alles noch einmal 2–3 Minuten köcheln lassen.

Inzwischen die Erdbeeren und Stachelbeeren verlesen, waschen, trocken tupfen und halbieren. Den Hirse-Porridge auf zwei Schüsseln verteilen, mit den Früchten mischen und mit den Mandelblättchen bestreuen.

TIPP

Keine Stachelbeersaison? Kein Problem, Weintrauben sind eine wunderbare Alternative für den „goldenen“ Frühstücksgenuss.

FÜR 4 STÜCK

Libanesische FRÜHSTÜCKSBRÖTCHEN

Libanesische Brötchen schmecken nicht nur zum Frühstück mit einem süßen Aufstrich! Auch zum Abendbrot mit einem herzhaften Belag oder zu einem Salat sind sie ein absoluter Hochgenuss.

ZUTATEN

FÜR DEN TEIG

1 Päckchen Trockenhefe

225 g Dinkelvollkornmehl

½ TL Salz

1 Messerspitze schwarzer Pfeffer

½ TL Kurkumapulver

¼ TL gemahlener Kreuzkümmel

2 EL Olivenöl

1 EL Zuckerrübensirup

1 Ei (Größe M)

AUSSERDEM

Mehl zum Arbeiten

2 EL Milch

2 EL Schwarzkümmel (wahlweise andere Saaten, zum Bestreuen)

ZUBEREITUNG

Die Trockenhefe mit Dinkelvollkornmehl in einer großen Schüssel mischen. Salz, Gewürze, 125 ml lauwarmes Wasser, Olivenöl, Zuckerrübensirup und Ei hinzufügen und mit dem Handrührgerät oder in der Küchenmaschine zu einem geschmeidigen Teig verkneten. Anschließend den Teig auf einer bemehlten Arbeitsfläche noch mit der Hand 2–3 Minuten durchkneten.

Den Backofen auf 200 °C Ober-/Unterhitze vorheizen. Ein Backblech mit Backpapier auslegen. Aus dem Teig 4 große oder 8 kleine Brötchen formen und auf dem Backblech verteilen. Die Brötchen mit einem scharfen Messer kreuzweise einritzen, mit Milch bestreichen und mit Schwarzkümmel bestreuen und diesen leicht andrücken.

Die Brötchen mit einem Küchentuch abdecken und an einem warmen Ort etwa 20 Minuten gehen lassen. Anschließend die Brötchen im Backofen (mittlere Schiene) in 10–12 Minuten goldbraun backen. Die Brötchen nach dem Backen auskühlen lassen und genießen.

TIPP

Am besten gleich die doppelte Menge backen, einen Teil davon einfrieren und bei Bedarf zum Frühstück einfach aufbacken und genießen.

FÜR 2-3 PERSONEN

Fruchtiger MANGOAUFSTRICH

Für Mmmhhhh und Ohhhhhh vergolde ich heute meinen Lieblingsdip, und zwar mit reichlich Kurkuma, süßer Mango und Frischkäse. Die leichte Schärfe des Cayennepfeffers und die sonnengelbe Farbe des Dips machen ihn nicht nur lecker, sondern machen uns auch noch happy.

ZUTATEN

1 kleine reife Mango

1 kleine Möhre

125 g Frischkäse

1 gestrichener TL Kurkumapulver

¼ TL Cayennepfeffer (oder nach Geschmack)

½–1 TL Senf

Salz, schwarzer Pfeffer

ZUBEREITUNG

Die Mango schälen, das Fruchtfleisch zuerst vom Stein und dann in grobe Würfel schneiden. Die Möhre putzen, schälen und ebenfalls in grobe Würfel schneiden. Mit den Mangowürfeln in einen Multizerkleinerer oder einen Mixer geben und fein pürieren.

Das Mango-Möhren-Püree mit Frischkäse, Kurkumapulver, Cayennepfeffer und Senf in eine Schüssel geben und mit einem Schneebesen cremig verrühren. Den Aufstrich mit Salz und Pfeffer abschmecken.

TIPP

Dieser Aufstrich schmeckt hervorragend auf kräftigem Brot, er zaubert aber auch jedem Burgerfreund ein Lächeln ins Gesicht. Deshalb den Aufstrich unbedingt auch einmal als Grillsößchen ausprobieren.

Grüner PAPAYA-SPARGEL-SALAT

Die grüne, noch unreife Papaya hat weiße Samen und ein hellgrünes Fruchtfleisch. Sie ist reich an Mineralien und Ballaststoffen und daher sehr gesund. Fast geschmacklos kommt die Frucht daher, deswegen lässt sich daraus mit einer würzigen Soße ein leckerer Salat zaubern.

ZUTATEN

FÜR DEN SALAT

1–2 rote Chilischoten

2 Knoblauchzehen

1 rote Zwiebel

1 grüne Papaya

2 kleine Möhren

100 g grüner Thai-Spargel (Asialaden)

FÜR DAS DRESSING

1 Tomate

1–2 EL Limettensaft

1 EL Rapsöl

schwarzer Pfeffer

2 EL Sojasoße

½ TL Kurkumapulver

1 EL Palmzucker (Asialaden)

AUSSERDEM

4 EL geröstete Erdnüsse

ZUBEREITUNG

Die Chilischoten längs aufschneiden, putzen, waschen und fein hacken. Den Knoblauch und die rote Zwiebel schälen und beides fein hacken.

Die Papaya schälen. Die Möhren putzen und schälen. Beides in sehr feine Streifen (Julienne) schneiden. Den Spargel waschen und in grobe Stücke schneiden.

Für das Dressing die Tomate waschen, abtrocknen und grob würfeln. Tomate, Limettensaft, Rapsöl, 1 Prise Pfeffer, Sojasoße, Kurkuma und Palmzucker in einen Multitzerkleinerer geben und fein pürieren.

Papaya, Möhren und Spargel in eine große Schüssel geben und mit dem Dressing vermischen. Den Salat mit den gerösteten Erdnüssen dekorieren und genießen.

TIPP

Die sehr feinen Streifen (Julienne) lassen sich ganz hervorragend mit einem Julienneschäler oder Papayaschäler herstellen.

MÖHRENKÜCHLEIN
mit Rucola und Wasabidip

Doppelt scharf und dreifach lecker werden die gebratenen Küchlein mit einem Hauch Kurkumapulver und etwas Harissa, der scharfen marokkanischen Gewürzpaste aus der Tube.

ZUTATEN

FÜR DIE KÜCHLEIN

½ TL Salz
100 g Instant-Couscous
2 Frühlingszwiebeln
3 Möhren
50 g Rucola
1 Knoblauchzehe
1 TL Kurkumapulver
schwarzer Pfeffer
1 Ei (Größe M)
1 EL Harissa
2 EL Cashewkernmus
3 EL Olivenöl zum Braten

FÜR DEN WASABIDIP

150 g Joghurt
2 EL Schmand
2 EL Gartenkresse
½-1 TL Wasabipaste (Asialaden)
1 Spritzer Limettensaft
Salz, Pfeffer

ZUBEREITUNG

Für die Küchlein 200 ml Wasser mit dem Salz in einem Topf aufkochen. Den Topf vom Herd nehmen, den Couscous einrühren und 3 Minuten quellen lassen.

Die Frühlingszwiebeln putzen, waschen und in feine Ringe schneiden. Die Möhren putzen, schälen und grob raspeln. Den Rucola waschen, trocken schütteln und grob hacken. Den Knoblauch schälen und fein hacken. Alles in eine große Schüssel geben. Couscous, Kurkumapulver, 1 Prise Pfeffer, Ei, Harissa und Cashewkernmus dazugeben und alles zu einem Teig verarbeiten. Aus der Masse mit feuchten Händen 8–9 Bratlinge formen.

Das Olivenöl in einer Pfanne erhitzen, die Küchlein darin bei mittlerer Hitze von beiden Seiten in 5–6 Minuten goldbraun braten. Die Küchlein herausnehmen und auf Küchenpapier entfetten.

Für den Wasabidip Joghurt mit Schmand, Kresse und Wasabipaste nach Geschmack cremig verrühren. Mit Limettensaft, Salz und Pfeffer abschmecken.

Die Möhrenküchlein auf einem Teller anrichten und mit dem Wasabidip genießen.

FÜR 2 PERSONEN

KICHERERBSENKUCHEN

mit Frischkäse-Topping

Perfekt für einen verschlafenen Sonntagmorgen, denn Kuchen aus Kichererbsenmehl ist samt ofenfester Pfanne schnell im Backofen und lässt sich leicht mit köstlichen Zutaten belegen.

ZUTATEN

FÜR DEN TEIG

100 g Babyspinat

1 Zwiebel

1 Knoblauchzehe

2 EL Olivenöl

200 g Kichererbsenmehl

1 TL Salz

½ TL Backpulver

¼ TL schwarzer Pfeffer, frisch gemahlen

5 g Bio-Kurkumawurzel (siehe Tipp S. 17)

125 g Joghurt

FÜR DAS TOPPING

100 g Kräuterfrischkäse

6 Radieschen

ZUBEREITUNG

Den Backofen auf 200 °C Ober-/Unterhitze vorheizen. Den Spinat verlesen, waschen, trocken schleudern und grob hacken. Zwiebel und Knoblauch schälen und beides fein hacken. Das Olivenöl in einer ofenfesten Pfanne erhitzen, Spinat, Zwiebel und Knoblauch darin kurz andünsten.

Das Kichererbsenmehl in einer Schüssel mit Salz, Backpulver und Pfeffer mischen. Die Kurkumawurzel fein raspeln, mit Joghurt und 100 ml Wasser zum Mehlgemisch geben und alles zu einem geschmeidigen Teig verarbeiten. Den Spinat unter den Teig mischen. Den Teig in dieselbe ofenfeste Pfanne geben und im Backofen (mittlere Schiene) in 12–15 Minuten goldbraun backen.

Inzwischen für das Topping den Frischkäse cremig rühren. Die Radieschen putzen, waschen, trocken tupfen und in feine Scheiben schneiden.

Den Kichererbsenkuchen herausnehmen und kurz auskühlen lassen, anschließend mit Frischkäse bestreichen, mit den Radieschenscheiben belegen und genießen.

TIPP

Mein Kichererbsenkuchen schmeckt auch wunderbar mit Tomaten und frischen Kräutern als Topping.

AUBERGINEN-CURRY
mit Aprikosen

Neben der scharfen Currypaste sind Aprikosen die heimlichen Stars in diesem herrlich exotischen Auberginencurry. Ein Curry ist für mich das perfekte Resteessen, denn dafür verwende ich die Zutaten, die zuvor übrig geblieben sind.

ZUTATEN

1 kleine rote Zwiebel

1 Knoblauchzehe

250 g rote Süßkartoffeln

150 g Zuckerschoten

200 g Thai-Auberginen

1 EL Kokosöl

1–2 TL Garam Masala

2–3 EL Currypaste (siehe S. 15)

300 ml Kokosmilch

100 ml Gemüsebrühe

Salz

250 g Basmatireis

4 Aprikosen

1 EL Palmzucker (Asialaden)

ZUBEREITUNG

Zwiebel und Knoblauch schälen und beides fein hacken. Die Süßkartoffeln schälen und würfeln. Die Zuckerschoten putzen, waschen und halbieren. Die Thai-Auberginen waschen, vom Grün befreien und halbieren.

Das Kokosöl in einem Topf erhitzen, Garam Masala und Currypaste darin kurz anbraten. Zwiebel, Knoblauch und Süßkartoffeln hinzufügen und kurz mit anbraten. Anschließend mit Kokosmilch und Gemüsebrühe auffüllen und alles bei mittlerer Hitze 12–15 Minuten köcheln lassen.

Inzwischen Salzwasser in einem Topf aufkochen und den Reis darin nach Packungsangabe garen. Aprikosen waschen, halbieren und entsteinen. Etwa 5 Minuten vor Ende der Garzeit die Zuckerschoten, Auberginen und Aprikosen dazugeben. Das Curry mit Palmzucker abschmecken und fertig garen. Den Reis abgießen und mit dem Auberginen-Curry servieren.

TIPP

Wer es nussig mag, gibt noch einen gehäuften Esslöffel Erdnüsse zum Curry.

ZUCCHINIBLÜTEN mit Ricotta-Walnuss-Füllung

Die hübschen Zucchiniblüten lassen sich nach Lust und Laune füllen. Die Füllung, mit den Gewürzen Kurkuma- und Zimtpulver abgeschmeckt, erinnert mich stark an einen Marokko-Urlaub.

ZUTATEN

30 g Walnusskerne

2 Zweige Thymian

8 große Zucchiniblüten mit Zucchini

200 g Ricotta

½ TL Kurkumapulver

¼ TL Zimtpulver

schwarzer Pfeffer, Salz

AUSSERDEM

4 EL Olivenöl zum Einfetten und Braten

1 Spritzbeutel ohne Tülle

4 EL Semmelbrösel

ZUBEREITUNG

Den Backofen auf 180 °C Ober-/Unterhitze vorheizen. Eine ofenfeste Form mit Olivenöl einfetten. Die Walnusskerne in einer beschichteten Pfanne ohne Fett rösten, dann abkühlen lassen und fein hacken. Den Thymian waschen und trocken schütteln, die Blättchen abzupfen und fein hacken.

Die Zucchini von der Zucchiniblüte schneiden und zur Seite legen. Die Zucchini putzen, waschen und die Hälfte grob raspeln. Mit Ricotta, Walnüssen, Thymian, Kurkuma- und Zimtpulver verrühren. Die Masse mit 1 Prise Pfeffer und Salz würzen und in einen Spritzbeutel ohne Tülle füllen.

Die Zucchiniblüte vorsichtig öffnen, den Blütenstempel abtrennen. Die Füllung in die Blüte geben und die Blüte zusammendrehen. 2 Esslöffel Olivenöl in einer Pfanne erhitzen, die Zucchiniblüten darin 2–3 Minuten anbraten. Blüten herausnehmen, in die Form legen und mit Semmelbröseln bestreuen. Im Backofen (mittlere Schiene) in 10 Minuten fertig garen.

Übrige Zucchini längs halbieren. 1 Esslöffel Olivenöl in einer Pfanne erhitzen, Zucchini darin von beiden Seiten in 2–3 Minuten goldbraun anbraten, salzen und pfeffern. Zucchiniblüten und Zucchini auf einem Teller anrichten und genießen.

TIPP

Dazu passt frisch gerührter Zitronenjoghurt. Dafür einfach 150 g Joghurt mit 2 Esslöffeln Zitronensaft vermischen.

MÖHRENSPAGHETTI
mit Zitronen-Cashew-Pesto

Wie wirre Gedanken liegen die Möhrenspaghetti auf dem Teller. Unbeirrt davon schlängele ich mich mit der Gabel durch das Chaos und finde den gesunden Gemüsemix einfach nur unfassbar lecker.

ZUTATEN

FÜR DAS PESTO

¼ Bund Petersilie

1 Knoblauchzehe

1 gehäufter EL Cashewkernmus (ungesüßt)

1 EL Zitronensaft

½ TL Kurkumapulver

schwarzer Pfeffer, Salz

FÜR DIE MÖHRENSPAGHETTI

6 bunte Möhren

1 Avocado

2 EL Olivenöl

ZUBEREITUNG

Für das Pesto die Petersilie waschen, trocken schütteln und fein hacken. Den Knoblauch schälen und fein hacken. Das Cashewkernmus in einer Schale mit Petersilie, Knoblauch, Zitronensaft und 50 ml Wasser verrühren. Das Pesto mit Kurkumapulver, 1 Messerspitze Pfeffer und Salz würzen und zur Seite stellen. (Falls das Pesto zu dickflüssig ist, etwas mehr Zitronensaft oder Wasser unterrühren.)

Die bunten Möhren putzen, eventuell schälen und mit einem Spiralschneider zu Spaghetti schneiden. Die Avocado halbieren und den Stein entfernen. Die Hälften schälen und in feine Scheiben schneiden.

Das Olivenöl in einer Pfanne erhitzen, die Möhrenspaghetti darin etwa 2 Minuten anbraten. Avocadoscheiben und das Zitronen-Cashew-Pesto kurz zu den Möhrenspaghetti geben und hin und her schwenken. Die Gemüsespaghetti anrichten und genießen.

TIPP

Kurz vor dem Anrichten noch ein paar Spritzer Zitronensaft über die Möhrenspaghetti geben, dann schmecken sie besonders frisch.

FÜR 1 SPRINGFORM (Ø 20 CM)

MANDELKUCHEN
mit Erdbeeren und Kurkuma

Knusper, knusper knäuschen, wer knuspert an meinem Kuchen? Schon im Backofen verströmt dieser Kuchen einen unwiderstehlichen Duft, der meine Familie und Gäste zum Knuspern einlädt.

ZUTATEN

175 g Erdbeeren
150 g Rohrohrzucker
85 g Butter
2 Eier (Größe M)
150 g Joghurt (1,5 % Fett)
Mark von 1 Vanilleschote
Salz, schwarzer Pfeffer
5 g Bio-Kurkumawurzel, fein gerieben (siehe Tipp S. 17)
150 g Dinkelvollkornmehl
85 g gemahlene Mandeln
2 gestrichene TL Backpulver
½ TL Zimtpulver
2 EL Mandelblättchen

ZUBEREITUNG

Den Backofen auf 180 °C Ober-/Unterhitze vorheizen. Den Boden der Springform mit Backpapier auslegen. Die Erdbeeren waschen, putzen und halbieren.

Rohrohrzucker, Butter und Eier in eine Schüssel geben und mit den Quirlen des Handrührgeräts cremig rühren. Joghurt, Vanillemark, je 1 Prise Salz und Pfeffer sowie geriebene Kurkuma dazugeben und unterrühren. Dinkelvollkornmehl mit Mandeln, Back- und Zimtpulver mischen, zum Teig geben und alles zu einem geschmeidigen Teig verrühren.

Die Hälfte des Teiges in die Springform geben und mit der Hälfte der Erdbeeren belegen. Den restlichen Teig und die übrigen Erdbeeren darauf verteilen. Den Kuchen im Backofen (mittlere Schiene) in 45–50 Minuten goldbraun backen. Den Kuchen herausnehmen, aus der Springform lösen und auf einem Kuchengitter auskühlen lassen.

Inzwischen die Mandelblättchen in einer kleinen beschichteten Pfanne ohne Fett goldbraun rösten. Den ausgekühlten Kuchen mit den Mandelblättchen bestreuen und genießen.

TIPP

Du kannst die Menge an Kurkuma verdoppeln, dadurch wird der Kuchen besonders würzig. Keine Erdbeeren zur Hand? Rhabarber passt auch ganz hervorragend – und der Kuchen wird mindestens genauso saftig.

FÜR 3-4 PERSONEN

DINKELWAFFELECKEN
mit Kurkuma und Banane

„Spice me up“, sagt die Waffel! Das lässt sich die Kurkuma nicht zweimal sagen und schon ist es geschehen! Was gibt es Schöneres als leckere Waffeln am Morgen. Und wenn die dann noch mit Banane und Erdbeeren zubereitet werden, wird daraus ein veganer Genuss de luxe.

ZUTATEN

FÜR DEN TEIG

275 g Dinkelmehl (Type 630)

Salz, schwarzer Pfeffer

½ TL Kurkumapulver

2 TL Backpulver

75 g weiche Margarine

75 g Rohrohrzucker

1 Banane

500 ml Cashewnussmilch

AUSSERDEM

Öl für das Waffeleisen

350 g Erdbeeren

Ahornsirup

ZUBEREITUNG

Ein Waffeleisen vorheizen und nach Bedarf mit Öl ausstreichen. Für den Teig das Dinkelmehl mit je 1 Prise Salz und Pfeffer, Kurkumapulver und Backpulver in einer Schüssel gut vermischen. Margarine mit Rohrohrzucker in einer zweiten Schüssel mit den Quirlen des Handrührgeräts cremig rühren. Die Banane schälen und mit einer Gabel fein zermusen. Das Bananenmus zum Fett-Zucker-Gemisch geben und unterrühren. Den Mehlmix und die Cashewnussmilch hinzufügen und zu einem glatten Teig verrühren.

Aus dem Teig nacheinander 3–4 Waffeln backen. Dafür den Waffelteig portionsweise in das vorgeheizte Waffeleisen füllen und die Waffeln goldbraun backen.

Die Erdbeeren waschen, putzen und halbieren. Die Waffeln in Ecken teilen und auf einem Teller anrichten. Die Waffelecken mit den Erdbeeren und Ahornsirup servieren und genießen.

TIPP

Für meine kleinen Waffelecken einfach 1 gehäuften Esslöffel Teig in die Mitte des Waffeleisens geben und ausbacken. Die Waffelecken sind besonders klein und ein leckerer Snack für zwischendurch.

FÜR 8-10 COOKIES

Spicy CHOCOLATE COOKIES

Bei diesem Rezept unbedingt eine frische Bio-Kurkumawurzel verwenden und mit dem Messer sehr fein hacken. Jeder Bissen schmeckt dann himmlisch schokoladig und bittersüß zugleich.

ZUTATEN

125 g zimmerwarmes Cashewkernmus (ungesüßt)

70 g Rohrohrzucker

1 Ei (Größe M)

5 g Bio-Kurkumawurzel (siehe Tipp S. 17)

100 g Zartbitterschokolade

Salz, schwarzer Pfeffer

1 TL Zimtpulver

Mark von 1 Vanilleschote

1 TL Backpulver

50 g Maismehl

ZUBEREITUNG

Den Backofen auf 175 °C Ober-/Unterhitze vorheizen. Ein Backblech mit Backpapier auslegen. Cashewkernmus, Rohrohrzucker und Ei in eine Schüssel geben und mit den Quirlen eines Handrührgeräts cremig rühren. Kurkuma fein hacken und unter den Teig mischen. Die Zartbitterschokolade grob hacken.

1 Prise Salz und 1 Messerspitze Pfeffer mit Zimtpulver, Vanillemark, Backpulver und Maismehl vermischen und unter die Cashewkernmasse rühren. Zum Schluss die Zartbitterschokolade dazugeben und untermischen.

Achtung, der Teig wird zu einem festen Klumpen, aus dem sich die Kekse gut formen lassen! Aus dem Teig 8–10 Kugeln formen, leicht andrücken und mit etwas Abstand auf dem Backblech verteilen. Die Cookies im Backofen (mittlere Schiene) in etwa 10 Minuten goldbraun backen. Die Kekse herausnehmen, vollständig auskühlen lassen und dann vom Backblech lösen.

TIPP

Wer Erdnüsse liebt, kann das Cashewkernmus gegen Erdnussmus tauschen.

Die Cookies lassen sich wunderbar einfrieren, deshalb am besten gleich die doppelte Menge backen.

FÜR 8 STÜCK

GOLDENE ICE POPS
mit Mango

Wenn schon kein Lottomillionär, dann protz ich doch einfach mit frostigem Gold am Stiel. So kann selbst der heimische Balkon zum Südseeparadies werden. Dabei vom tropischen Strand zu träumen ist zudem erlaubt.

ZUTATEN

1 reife Mango

½–1 TL goldene Paste (siehe S. 13)

150 ml Kokosmilch

1 gehäufter EL Cashewkernmus

FÜR DIE DEKO

8 Eisförmchen

50 g Zartbitterschokolade

1 EL Kakaonibs

ZUBEREITUNG

Die Mango schälen. Das Fruchtfleisch zuerst vom Stein und dann in grobe Stücke schneiden. Die goldene Paste mit Kokosmilch zu einer goldenen Milch verrühren. Die Mango mit der goldenen Milch und dem Cashewkernmus in einen Mixer geben und fein pürieren. Die Masse in die Eisförmchen füllen und im Tiefkühlschrank für mindestens 4 Stunden frosten.

Die Zartbitterschokolade in eine Schüssel geben und über einem heißen Wasserbad schmelzen lassen. Die geschmolzene Schokolade über die Ice Pops sprenkeln oder diese darin eintauchen. Die Ice Pops mit den Kakaonibs dekorieren und sofort genießen.

TIPP

Statt der goldenen Paste kannst du auch ½ Teelöffel Kurkumapulver und 1 Prise schwarzen Pfeffer zur Eismasse geben.

Gerösteter Edamame-Nussmix MIT KURKUMA

Ich mag die Kombination von verschiedenen Geschmacksrichtungen, deshalb habe ich mich für einen salzig-süßen Nussmix mit ein bisschen Schärfe entschieden. Und auch Edamame passen wunderbar dazu.

ZUTATEN

FÜR DEN NUSSMIX

180 g Edamame (ohne Schale, Asialaden)

100 g Cashewkerne

40 g Kürbiskerne

50 g Mandeln

FÜR DIE MARINADE

1 EL Kokosöl, geschmolzen

1 TL Kurkumapulver

1 TL Salz

2 TL edelsüßes Paprikapulver

½–1 TL Cayennepfeffer, nach Belieben

schwarzer Pfeffer

1 EL Rohrohrzucker

2 EL Honig

ZUBEREITUNG

Den Backofen auf 175 °C Ober-/Unterhitze vorheizen. Ein Backblech mit Backpapier auslegen. Edamame, Cashewkerne, Kürbiskerne und Mandeln in eine Schüssel geben.

Für die Marinade Kokosöl mit Kurkumapulver, Salz, Paprikapulver, nach Geschmack Cayennepfeffer, 1 Prise Pfeffer, Rohrohrzucker und Honig verrühren und zu den Nüssen geben. Die Nüsse mit der Marinade gut mischen und gleichmäßig auf dem Backblech verteilen.

Den Nussmix im Backofen (mittlere Schiene) in 30–35 Minuten goldbraun rösten. Dann herausnehmen, auskühlen lassen und genießen.

TIPP

Die gerösteten Nüsse am besten noch am Tag der Zubereitung genießen.

ÜBER DIE AUTORIN

Foodie, Frühaufsteher und Fotografin aus Leidenschaft – diese Begriffe beschreiben Sabrina Sue Daniels wohl am besten. Nach ihrem Archäologiestudium fand sie über Umwege zur Fotografie, absolvierte erfolgreich eine Ausbildung und betreibt seit 2013 ihren Foodblog www.sabrinasue.com. Mit üppig inszenierten Fotos, leuchtenden Farben und kreativen Rezepten verführt sie ihre Leser regelmäßig zum gesunden Schlemmen.

DANKSAGUNG

Ich möchte mich bei meiner Gemüsehändlerin bedanken, die mich stets mit den besten regionalen Zutaten versorgt. Und wird es auch mal exotisch, wie bei diesem Kurkuma-Büchlein, hatte sie stets ein paar wunderbare Knollen für mich in petto.

Außerdem möchte ich dem Team des Edition Michael Fischer Verlages Danke sagen, die mir immer wieder die Möglichkeit geben, kreativ zu werden.

REGISTER

IMPRESSUM

Bibliografische Information der Deutschen Bibliothek.

Die Deutsche Bibliothek verzeichnet diese Publikation in der Deutschen Nationalbibliografie.

Detaillierte bibliografische Daten sind im Internet über http://www.d-nb.de/ abrufbar.

EIN BUCH DER EDITION MICHAEL FISCHER

1. Auflage 2017

Covergestaltung: Rebecca Leiner

Redaktion und Lektorat: Maryna Zimdars, Unterföhring

Produktmanagement: Annika Christof, Natascha Mössbauer

Reihenlayout: Rebecca Leiner

Satz: Mirjam Oppelt

ISBN 978-3-86355-781-2

Printed in Slovakia

www.emf-verlag.de